Analyse de l'œuvre

Par Isabelle Consiglio et Lucile Lhoste

Cyrano de Bergerac

d'Edmond Rostand

lePetitLittéraire.fr

EDMOND ROSTAND

DRAMATURGE, ESSAYISTE ET POÈTE FRANÇAIS

- **Né en 1868 à Marseille**
- **Décédé en 1918 à Paris**
- **Quelques-unes de ses œuvres :**
  - *Ode à la musique* (1890), poésie
  - *La Samaritaine* (1897), pièce de théâtre
  - *Chantecler* (1910), pièce de théâtre

Né en 1868 dans une famille aisée de Marseille, Edmond Rostand se distingue très jeune par un gout prononcé pour la littérature : il est, entre autres, un lecteur passionné de Dumas (1802-1870). Poursuivant de brillantes études à Marseille, puis à Paris, le jeune Rostand s'essaie au théâtre et à la poésie dès 1889. L'année 1897 est celle de l'incroyable triomphe du jeune auteur avec *La Samaritaine*, dont la comédienne Sarah Bernhardt (1844-1923) tient le rôle-titre, puis surtout avec *Cyrano de Bergerac*, qui vaut à Rostand le titre de chevalier de la Légion d'honneur. La suite de sa production littéraire a certainement été occultée par ce succès. Rostand s'éteint à Paris en 1918, après avoir été élu à l'Académie française en 1901.

CYRANO DE BERGERAC

LES PÉRIPÉTIES D'UN TRIANGLE AMOUREUX

- **Genre :** comédie
- **Édition de référence :** *Cyrano de Bergerac*, Paris, Librio, coll. « Théâtre », 1996, 186 p.
- **1re édition :** 1897
- **Thématiques :** amour, laideur, poésie, dualité, dévouement, amitié

Cyrano de Bergerac est une « comédie héroïque » en cinq actes et en vers représentée pour la première fois le 28 décembre 1897 à Paris. L'action de la pièce est située en 1640 à Paris, où le cadet de Gascogne, Cyrano de Bergerac, espère secrètement parvenir à séduire sa cousine Roxane dont il est éperdument amoureux.

Déclinant principalement le thème du triangle amoureux à travers l'opposition de la beauté et du verbe, *Cyrano de Bergerac* va à contrecourant des esthétiques symbolistes et décadentes de l'époque. Le succès spectaculaire de la pièce ne s'est pas démenti au cours du XXe siècle. Il peut probablement s'expliquer par la présence de personnages attachants et de répliques cinglantes.

RÉSUMÉ

ACTE I

La pièce débute en 1640 à Paris lors d'une représentation théâtrale à l'hôtel de Bourgogne. La foule se presse et attend le spectacle avec impatience. Un groupe de jeunes cavaliers force l'entrée de la salle en refusant de payer. Parmi eux se trouve le baron Christian de Neuvillette qui doit intégrer le lendemain le régiment des cadets. Il avoue à l'un de ses camarades d'armes son amour pour la jeune Roxane, la cousine d'un certain Cyrano de Bergerac, que tous semblent attendre avec impatience. La jeune femme est pourtant promise par le comte de Guiche au vicomte de Valvert.

Christian quitte la salle pour venir en aide à son compagnon Lignière, à qui un groupe d'hommes semble avoir tendu une embuscade en ville. Le jeune homme rate donc l'entrée fracassante de Cyrano, qui se querelle avec un comédien dès le lever de rideau. Il se livre à une véritable joute verbale qui démontre son tempérament susceptible et fougueux. Le vicomte de Valvert intervient et se fait ridiculiser par Cyrano. Ce dernier avoue à son ami Le Bret son amour pour Roxane et son impossibilité à lui avouer ses sentiments en raison de sa laideur. Cyrano reçoit peu après un billet de sa cousine lui annonçant qu'elle a des choses importantes à lui révéler. Il se rend alors en ville pour repousser les agresseurs de Lignière. Le bruit court qu'il aurait vaincu à lui seul cent hommes.

ACTE II

Cyrano, très nerveux, se rend à l'heure fixée chez le pâtissier Ragueneau. Il écrit une lettre d'amour à Roxane au cas où les mots ne lui viendraient pas. Roxane avoue à Cyrano son amour pour Christian et lui demande de veiller sur lui au sein des cadets de Gascogne. Cyrano est effondré, mais ne laisse rien paraitre.

À son arrivée, la compagnie des cadets de Gascogne considère Cyrano comme le héros du jour en raison de ses exploits de la veille. Sachant que le terme « nez » et toutes les expressions qui le contiennent sont tabous pour Cyrano, Christian tente de le provoquer en multipliant les allusions nasales. Le Gascon, ayant promis de protéger Christian, ne peut répondre à ces provocations. Au contraire, il propose à Christian de l'aider à conquérir Roxane en se faisant l'auteur de ses mots d'amour.

ACTE III

Roxane loue la verve de Christian sans savoir que toutes les lettres ont été écrites par Cyrano. En prétextant l'importance des vertus militaires, elle incite le comte de Guiche à ne pas retarder son départ pour le front. Roxane souhaite tester l'inspiration poétique de Christian et en fait part à Cyrano. C'est ainsi qu'elle écoute du haut de son balcon les mots doux que Christian ne fait qu'emprunter à Cyrano. Roxane, trompée, croit être amoureuse de Christian, et c'est finalement lui qui reçoit le baiser tant attendu.

Roxane décide de précipiter ses noces avec Christian. Afin

de retenir de Guiche, qui se présente chez Roxane, Cyrano prétend tomber de la lune, alors qu'il ne s'est jeté que du balcon. Comprenant la supercherie, de Guiche envoie aussitôt le régiment de Christian au front.

ACTE IV

Les compagnons de Cyrano et de Christian souffrent cruellement de la faim pendant le siège d'Arras. Cyrano se charge d'acheminer à Roxane le courrier de Christian écrit par ses soins. Les cadets sont persuadés qu'ils vont mourir, et Cyrano écrit pour Christian une lettre d'adieu à Roxane. À la surprise générale, cette dernière rejoint la troupe sur le front avec un important ravitaillement de vivres. Émue par la beauté des lettres d'amour de Christian, elle a décidé de traverser les lignes ennemies. Cyrano est alors obligé d'avouer au jeune homme que la correspondance qu'il envoyait en son nom à Roxane était beaucoup plus volumineuse qu'il ne le croyait.

Roxane avoue fougueusement ses sentiments à Christian et affirme ne plus l'aimer pour sa seule beauté. Christian comprend alors que c'est en réalité Cyrano qu'elle aime sans le savoir. Cependant, Cyrano ne peut lui déclarer sa flamme. Christian est tué par le premier assaut ennemi.

ACTE V

Le dernier acte se déroule quinze ans plus tard au couvent des Dames de la Croix à Paris, où Roxane s'est retirée depuis la mort de Christian. Cyrano lui rend régulièrement visite.

Son franc-parler lui doit de nombreux ennemis en ville et, en passant sous une fenêtre, il reçoit sur la tête une buche de bois qui lui était intentionnellement destinée. Atteint d'une grave commotion cérébrale, il se rend à sa visite hebdomadaire chez Roxane.

Le comte de Guiche, devenu duc de Grammont, tente encore de se faire pardonner de Roxane : c'est lui qui avait envoyé Christian sur le front. À l'arrivée de Cyrano, personne ne remarque son état, car il a dissimulé sa blessure par le port d'un chapeau. Il demande à Roxane la permission de lire la lettre d'adieu qu'il lui avait écrite du front à la place de Christian. Pendant la lecture, Roxane reconnait enfin la voix et le style de Cyrano. Elle sait désormais qui lui a adressé toutes ces lettres d'amour, mais il est trop tard : Cyrano rend son dernier souffle.

ÉTUDE DES PERSONNAGES

CYRANO DE BERGERAC

Gascon et fier de l'être, Cyrano ne rate pas une occasion d'insister sur ses origines. Ce personnage est avant tout un poète qui aime jouer avec les mots. C'est aussi un esprit libre ayant un avis sur tout et n'hésitant jamais à l'exprimer, ce qui lui attire des ennuis au début de la pièce et lui sera fatal. Personnage rieur et enjoué, Cyrano se moque des bourgeois ou de toute autre convention d'ordre social. Provocateur, il aime attirer l'attention sur lui en vantant ses exploits lors de duels. Cyrano considère son nez proéminent comme un véritable handicap physique, au point d'être exagérément susceptible lorsqu'on évoque le sujet. Ainsi, toutes les expressions contenant le terme « nez » sont bannies de son vocabulaire.

Cyrano est éperdument amoureux de sa cousine Roxane. Il ne lui avoue ses sentiments qu'au seuil de la mort. Si Christian est son rival, Cyrano ne semble pas chercher à lui nuire. Au contraire, prendre en charge la correspondance de Christian est pour lui une occasion d'avouer indirectement ses sentiments à sa bienaimée. Cyrano est un personnage fidèle jusqu'au bout, aussi bien en amour qu'en amitié.

Ce personnage est inspiré de l'écrivain Savinien de Cyrano de Bergerac (1619-1655).

CHRISTIAN DE NEUVILLETTE

Jeune cadet beau et charismatique, Christian est, dès sa première apparition dans la pièce, associé à l'amour qu'il porte à Roxane. Si sa beauté est évidente, Christian ne possède aucun talent poétique et se trouve dans l'obligation de s'associer avec Cyrano pour réellement conquérir Roxane. Honnête et galant, le jeune baron se rend peu à peu compte que les mots de Cyrano touchent Roxane. Lorsque cette dernière lui avoue qu'elle l'aimerait même laid, Christian comprend que c'est Cyrano qu'elle aime à travers lui et est prêt à renoncer à l'amour de Roxane.

Christian est finalement tué au front d'Arras par le premier feu de l'ennemi. On peut interpréter cette mort soudaine comme un suicide étant donné qu'elle intervient à un moment clé de l'intrigue amoureuse de la pièce, lorsque Christian apprend que Roxane n'est pas réellement éprise de lui.

Christian est inspiré du baron Christophe de Neuvillette, époux de la cousine de Bergerac, qui a également trouvé la mort en tant que soldat au siège d'Arras en 1640.

MAGDELEINE ROBIN, DITE ROXANE

Cousine de Cyrano, Roxane est connue en ville comme étant orpheline et amatrice de théâtre. Loin d'être une ingénue, elle est très exigeante envers les hommes et aime se faire courtiser en recevant des compositions poétiques. Naïve et inconsciente du danger qu'elle court, elle n'identifie pas Cyrano comme étant l'auteur des lettres et choisit de traverser les lignes ennemies pour rejoindre son fiancé. Elle conçoit les hommes comme étant soit beaux, soit doués pour les vers, ces deux traits s'excluant l'un l'autre : « Il n'aura pas d'esprit puisqu'il est beau garçon ! » (acte III, scène I).

C'est le caractère précieux et exigeant de Roxane qui précipite le trio dans le malheur, aucun des jeunes gens n'obtenant ce qu'il attend : Christian meurt prématurément, Cyrano ne connait jamais le véritable amour et Roxane les perd tous deux (« Je n'aimais qu'un seul être et je le perds deux fois ! », acte V, scène VI).

Elle est en grande partie inspirée de la véritable cousine de Bergerac, Madeleine Robineau. Épouse puis veuve du baron de Neuvillette, elle développe à la mort de son mari une très grande piété, sans pour autant entrer au couvent comme Roxane dans la pièce. Le personnage peut également être rapproché d'une autre Robineau, une précieuse qui apparait sous le nom de Roxane dans l'un des dictionnaires de la préciosité d'Antoine Baudeau de Somaize (auteur du XVIIe siècle dont les dates de naissance et de mort sont inconnues).

LE COMTE DE GUICHE

Noble pédant et autoritaire, le comte de Guiche est amoureux de Roxane, mais, déjà marié, il ne peut la conquérir. Il souhaite cependant lui trouver un parti parmi ses relations. Ennemi de Cyrano qu'il méprise, de Guiche précipite le départ de la compagnie des cadets pour le front. Ce personnage joue donc un rôle essentiel dans les transformations vécues par le triangle amoureux. Se sentant coupable de la mort de Christian, il rend visite à Roxane au cours des quinze années suivant le décès de celui-ci, afin de se faire pardonner.

Le véritable comte de Guiche (1604-1678), neveu par alliance du cardinal de Richelieu (prélat et homme d'État, 1585-1642), a bel et bien exercé des fonctions militaires et politiques avec succès. Compétent et estimé, ayant occupé d'illustres places (y compris celle de ministre), il a aussi eu plusieurs titres de noblesse. D'abord comte de Guiche, il devient maréchal de France en 1641, puis comte et duc de Gramont.

LE BRET

Le Bret est l'ami de Cyrano à qui ce dernier se confie pour évoquer son amour pour Roxane. Il s'inquiète beaucoup des emportements de Cyrano, de même qu'il panique lorsqu'il apprend que son ami a été victime d'un accident fatal. Il est l'un des trois personnages à assister à son décès, avec Roxane et Ragueneau.

Henry Le Bret (1618/1619-1710) rencontre le vrai Bergerac en région parisienne lorsqu'ils sont enfants, et les deux hommes restent amis durant trente ans. C'est lui qui, inquiet des dérives de son ami, le pousse à s'engager dans l'armée. Après sa mort, Le Bret devient prêtre, écrit lui-même divers manuscrits et édite ceux de Savinien en édulcorant le trait de manière à ne pas entacher sa réputation.

LES AUTRES PERSONNAGES

- **Ragueneau**, pâtissier-poète chez qui Cyrano a rendez-vous avec Roxane, intervient à plusieurs reprises lors de l'intrigue. Il procure à Roxane les vivres qu'elle apporte sur le champ de bataille, puis informe Le Bret de l'accident de Cyrano.

Ce personnage est inspiré de Cyprien Ragueneau (1608-1654), un restaurateur qui a mis la clé sous la porte faute de pouvoir laisser les poètes partir sans payer leurs repas. Après un bref passage en prison, il s'engage dans le théâtre, en premier lieu dans la troupe de Molière (auteur dramatique français, 1622-1673) ;

- **Le capitaine Carbon de Castel-Jaloux** dirige le régiment dans lequel Cyrano et Christian sont engagés. Son inspiration vient du militaire du même nom, capitaine des cadets de Gascogne dans lesquels Savinien et Le Bret entrent après leur scolarité.
- **Le célèbre mousquetaire d'Artagnan** (1611/1615-1673), qui félicite Cyrano après son duel contre Valvert au théâtre, a bien été contemporain de Savinien, mais rien n'indique qu'il l'ait rencontré. D'autres mousquetaires non nommés apparaissent et existaient bien à l'époque, puisque le corps des mousquetaires fut créé au début du XVIIe siècle.
- **Monfleury** (1608-1667), **Bellerose** (1592-1670), **Jodelet** (1586-1660) ou **François Bedeau dit « L'Épy »** (frère de Jodelet, 1603-1663) sont, quant à eux, de véritables acteurs contemporains de Savinien ; Bellerose ayant dirigé les autres dans la troupe de l'Hôtel de Bourgogne. L'inimitié de Cyrano pour Montfleury fait écho à celle de Savinien pour l'acteur, attestée par une lettre qu'il a écrite à son encontre.
- **François Pajot de Lignières** est un ami de Christian, qui

s'absente lors du premier acte pour lui porter secours alors qu'il était tombé dans une embuscade. Cependant, ce poète libertin né en 1628 et décédé en 1704, n'aurait été qu'un tout jeune adolescent l'année où est censé se dérouler ce premier acte. Il a cependant bel et bien été lié à Savinien de Cyrano de Bergerac.

CLÉS DE LECTURE

GENÈSE DE L'ŒUVRE

Contexte littéraire

Cyrano de Bergerac est représenté pour la première fois en décembre 1897, à une époque où le modèle esthétique réaliste/naturaliste est jugé dépassé. En effet, cette fin de siècle se caractérise par l'émergence de mouvements littéraires souhaitant se distinguer radicalement des canons artistiques qui ont jusque-là dominé la prose, la poésie et le théâtre. C'est ainsi que les auteurs décadents et symbolistes vont peu à peu rejeter le roman (genre réaliste par excellence) pour investir des formes nobles telles que la poésie et le théâtre. L'illusion du réel est alors totalement anéantie à l'aide de nombreuses références symboliques et d'un vocabulaire recherché et suggestif.

Cependant, Edmond Rostand prend, avec *Cyrano de Bergerac*, le contrepied de ces courants émergeants. On peut relever de nombreuses oppositions entre son écriture et celle du courant symboliste :

- le dépouillement scénique du théâtre symboliste s'oppose à la multitude des décors dans *Cyrano de Bergerac* (champ de bataille, scène de théâtre, scènes à l'extérieur, etc.) ;
- le recours constant au symbolique et à un vocabulaire très recherché s'oppose aux jeux de mots incessants de Cyrano ou d'autres personnages (notamment Christian et son utilisation excessive du mot « nez ») ;

- à une prise de liberté par rapport aux règles métriques s'oppose la présence d'alexandrins dans l'œuvre de Rostand.

La pièce de Rostand va donc clairement à l'encontre de l'esthétique symboliste. Les thèmes exploités (notamment celui du triangle amoureux) renvoient plutôt à la comédie classique. De plus, le comique présent dans la pièce se distingue également, par l'ancrage historique de l'œuvre, du vaudeville, genre théâtral émergent à l'aube du XXe siècle.

La « trilogie » de Rostand

Cyrano de Bergerac présente des ressemblances troublantes avec deux autres pièces de Rostand : *La Princesse lointaine* (1895) et *La Samaritaine* (1897).

En ce qui concerne la première, le lien est plus qu'évident : Joffroy Rudel, un poète, est atteint d'une maladie. Il est amoureux de Mélissinde, inaccessible en raison de son éloignement géographique. Son ami, Bertrand d'Allamanon, est beau mais d'une intelligence moindre. Il parvient à séduire Mélissinde grâce aux mots de Joffroy. C'est alors que Mélissinde tombe amoureuse de lui avant d'apprendre que les mots qu'il prononçait étaient ceux du poète qui décède.

Dans *La Samaritaine*, Cyrano apparaît en quelque sorte derrière les traits du personnage de Jésus : ce dernier souhaite convertir la ville de Sichem, en Samarie, à la foi chrétienne. Pour cela, il a recours à la courtisane

Photine qui, telle Christian, porte sa parole aux habitants et leur enseigne l'amour de Dieu. La ville de Sichem adhère peu à peu à ce que leur dit Photine et considère Jésus comme le Messie, comme Roxane finissait par reconnaitre la valeur de Cyrano après avoir cru aux mots d'amour de Christian.

Inspiration biographique

La pièce de Rostand s'inspire fortement d'un personnage qui a existé : un écrivain d'origine parisienne nommé Hercule Savinien de Cyrano de Bergerac (1619-1655). Celui-ci quitte l'école et s'engage chez les cadets de Gascogne lorsqu'il a 19 ans avant de les quitter deux ans plus tard après avoir été blessé au siège d'Arras, durant la guerre de Trente Ans (1618-1648). Il retourne alors à Paris et bénéficie de l'aide de sa cousine, Madeleine Robineau.

Il poursuit par la suite des études de philosophie et s'adonne à la création littéraire, mais sans grand succès. Il ne parvient pas à faire publier certaines de ses œuvres et l'une d'elles lui est même volée. Parallèlement, il côtoie plusieurs personnalités de son temps (dont Molière, qui eut le même professeur que lui) et se fait de nombreux ennemis en raison de ses idées libertines et athées.

Son nom est surtout connu grâce à la pièce de théâtre d'Edmond Rostand, qui a prélevé de nombreux éléments de la vie de Bergerac. Son franc-parler y est nettement perceptible : Savinien était un esprit libre, frondeur, prompt à cibler la censure et de manière générale toute entrave à la liberté. Ses idées étaient toutefois fort déstructurées, pouvant tantôt attaquer quelque chose, tantôt le défendre, à l'image de sa vie mouvementée passée à attaquer, avec ses écrits, les idées de son temps.

Les circonstances du décès de l'homme et du personnage sont aussi fort semblables : en 1654, Bergerac est grièvement blessé après avoir reçu un coup sur la tête, peut-être dû à une poutre tombée d'un échafaudage. Les circonstances de cet accident restent obscures, tout comme la possible relation avec la mort de l'écrivain un an et demi plus tard. Il est toutefois difficile de ne pas voir le lien entre cet incident et la mort du personnage de la pièce, victime d'une commotion cérébrale après avoir reçu une buche lancée depuis une fenêtre sur sa tête. En effet, bien que cela n'ait jamais été clairement établi, il est possible que le coup reçu par le véritable Bergerac fût consécutif à un acte malveillant.

Le personnage de Cyrano de Bergerac possède également certaines particularités physiques de Savinien. Il possède en effet un nez similaire à l'auteur que certains décrivent proéminent, voire difforme. Rostand a tiré parti de ce trait physique pour en faire l'une des principales sources de préoccupation du personnage. À le lire, le nez de Cyrano « arrive [bien] partout un quart d'heure devant son maître », comme le vrai Bergerac l'a écrit dans sa pièce *Le Pédant joué* (1654).

LE TRIANGLE AMOUREUX REVISITÉ

Rostand prend comme thème central de sa pièce le sujet classique du triangle amoureux : deux amants se disputent les faveurs d'une jeune femme. Cependant, si Cyrano,

Christian et Roxane forment bien un triangle dont les forces évoluent fortement, certains éléments de cette thématique sont ici traités de manière décalée :

- **il n'y a pas de différence d'âge entre les deux rivaux**, mais une opposition entre la beauté et la laideur. La représentation classique du duo d'amants met très souvent en scène une opposition nette entre la jeunesse et la vieillesse, voire la sénilité, qui ne peut offrir le bonheur à une jeune femme. Le jeune homme beau et galant, dans la plupart des cas un jeune premier, possède alors une forte légitimité auprès du public. Dans le cas de *Cyrano de Bergerac*, l'auteur met en scène une opposition entre deux hommes du même âge, l'un possédant la beauté et l'autre en étant dénué. Cependant, comme Cyrano possède infiniment plus d'esprit que Christian, la sympathie du spectateur lui est davantage destinée ;
- **il n'y a ni violence ni volonté d'éliminer son rival**. Christian et Cyrano sont rivaux dans leur volonté de conquérir Roxane, mais les deux adversaires se respectent, puisque chacun possède ce qu'il manque à l'autre. En effet, Cyrano est conscient qu'il n'a aucune chance de séduire Roxane à cause de son nez qui le défigure. Quant à Christian, dénué de tout don poétique, il ne peut compter que sur Cyrano pour lui souffler les mots qui feront chavirer le cœur de Roxane. Les deux adversaires deviennent donc des associés. Leur honnêteté frappe certainement le spectateur : Christian refuse de mentir à Roxane, et Cyrano ne lui avoue qu'au moment de mourir qu'il est l'auteur des lettres. Les deux amis tirent profit l'un de l'autre : Cyrano ne peut faire de mal à Roxane et

protège Christian, ce dernier servant d'intermédiaire aux déclarations du Gascon ;

- **il n'y a pas de vainqueur**. Finalement, aucun des deux jeunes épris ne remporte la partie, et Roxane semble perdre deux fois l'homme qu'elle aime. La plupart des triangles amoureux du théâtre classique s'achèvent par la victoire de l'un des deux prétendants, souvent le plus légitime. Par cette fin tragique, la pièce souligne la complexité des rapports amoureux et le poids des conventions, par exemple la nécessité de la beauté, dans le choix des unions.

LE THÈME DU TRAVESTISSEMENT ET DU DOUBLE

Christian et Cyrano coopèrent au point de devenir les deux facettes d'un même personnage qui est de plus en plus difficile à identifier pour le spectateur et pour Roxane elle-même. C'est particulièrement frappant dans la scène du balcon (acte III) pendant laquelle Cyrano, tapi dans l'ombre, souffle les mots à Christian, puis prend sa place.

On retrouve dans ces scènes la thématique du travestissement, chère au théâtre classique. Cyrano n'est pas le valet de Christian bien qu'il use très souvent de la technique du travestissement et fasse preuve de davantage d'esprit et d'ingéniosité que le jeune baron. À la faveur de la nuit, les deux personnages et leur voix se confondent. C'est finalement Christian, le moins timide des deux, qui récolte le baiser tant attendu.

De plus, aux yeux de Roxane, ces deux personnages ne constituent que les deux faces d'un seul homme qui serait l'amant idéal : à la fois doté de beauté et d'un don pour la poésie. La jeune femme est donc condamnée à aimer les deux à la fois ou à être insatisfaite. Elle les perd tous les deux à la fin de la pièce.

LE RYTHME ET LA THÉÂTRALITÉ

Une des clés du succès de *Cyrano de Bergerac* réside sans doute dans le rythme de la pièce. L'auteur a su y insérer une atmosphère tantôt très animée, tantôt plus recueillie, de sorte que le spectateur ou le lecteur ne s'ennuie jamais et est le plus souvent surpris par l'enchainement des évènements. Le texte, ainsi que les diverses lignes d'intrigues, participent de ce rythme :

- la maitrise de la théâtralité par l'auteur se manifeste d'abord par la présence de nombreuses alternances. En effet, les scènes au ton plus léger succèdent aux scènes plus dramatiques. C'est le cas par exemple lorsque le comte de Guiche décide d'envoyer les hommes à la guerre, à la suite de la supercherie de Cyrano (acte IV, scène XIV). De même, les scènes incluant de nombreux personnages succèdent à celles se déroulant en tête-à-tête, comme lorsque Cyrano fait sortir les cadets pour s'entretenir seul avec Christian (acte II, scène X). L'alternance se manifeste également au niveau temporel puisque le dernier acte se déroule quinze ans plus tard, ce qui suppose une évolution importante des personnages. Enfin, les lieux et les décors de la pièce sont très variés : le spectateur est emmené, par exemple, d'un théâtre à un champ de bataille ;

- le même souci d'alterner les rythmes se retrouve au sein du texte lui-même. Par exemple, de très longues tirades, la plupart du temps prises en charge par Cyrano, telle que la célèbre tirade du nez (acte I, scène IV), sont suivies de répliques très brèves tenant en une phrase ou en une simple exclamation ;
- la multiplication des lignes d'intrigue participe également à la création d'un effet de rythme et de surprise. Dans une même scène, l'espace et les dialogues peuvent être divisés en plusieurs sous-propos : c'est par exemple le cas lorsque Christian observe Roxane depuis le parterre du théâtre (acte I, scène II). Dans cette scène, les spectateurs attendent le début de la représentation théâtrale, certains cadets se demandent où est Cyrano, et Christian confie en aparté à Lignière qu'il est amoureux de Roxane. Le lecteur découvre donc de multiples informations condensées en petites entités théâtrales.

La tirade du nez

La tirade dite « du nez », l'une des plus célèbres de l'histoire théâtrale, intervient dans la quatrième scène de l'acte I. Cyrano est alors en plein conflit avec Valvert, qui se moque ouvertement de sa disgrâce physique en critiquant son nez. Le héros de la pièce répond, sur une vingtaine de tons différents (dont une parodie de la pièce *Pyrame et Thisbé*, 1726), de manière à démontrer à son interlocuteur qu'il aurait pu formuler sa moquerie de façon bien plus variée et spirituelle. Valvert ne peut répondre à cette démonstration de force verbale que de manière pitoyable, et Cyrano achève de le ridiculiser en le battant à l'épée.

UN PERSONNAGE AYANT ÉCLIPSÉ SON MODÈLE

Contre toute attente (Rostand lui-même doutait du succès de la pièce), *Cyrano de Bergerac* a été un véritable triomphe dès les premières représentations. Jouée et adaptée de très nombreuses fois, elle est l'une des pièces emblématiques du répertoire français et jouit encore aujourd'hui du même succès.

Le personnage de Cyrano est devenu une figure importante de la littérature française, au point que l'on a pu occulter le fait qu'il était inspiré d'une personne bien réelle. Cyrano de Bergerac, aujourd'hui, évoque bien plus au public la pièce de Rostand que Savinien… même si, paradoxalement, le personnage a jeté sur l'écrivain une lumière qu'il a eu du mal à acquérir de son vivant.

PISTES DE RÉFLEXION

QUELQUES QUESTIONS POUR APPROFONDIR SA RÉFLEXION...

- Pensez-vous que *Cyrano de Bergerac* soit une pièce de théâtre pessimiste ? Argumentez votre réponse.
- Comparez *Cyrano de Bergerac* avec d'autres pièces ou films mettant en scène un triangle amoureux. Quels sont les points communs et les différences ?
- Le handicap majeur de Cyrano est sa laideur. Comment parvient-il à la supporter et à la combattre ?
- Quels autres personnages célèbres de la littérature possèdent cette même caractéristique et comment tentent-ils de la contrer ?
- Selon vous, Roxane serait-elle tombée amoureuse de Cyrano si celui-ci avait eu une autre apparence physique ?
- Roxane est le seul personnage féminin important. À quelle image de la femme renvoie-t-elle ? Est-ce une femme libre ?
- Relisez la célèbre tirade du nez. Quel principe linguistique développe-t-elle ?
- La fin de Cyrano est-elle fidèle à lui-même ou le personnage révèle-t-il une autre facette de sa personnalité au moment de s'éteindre ? Argumentez.
- Le thème principal du texte de Rostand est l'opposition beauté/laideur et l'importance de l'apparence physique. Quels prolongements trouvez-vous à ce thème dans la société contemporaine ?
- Situez la pièce dans le contexte littéraire de son époque.

Votre avis nous intéresse !
Laissez un commentaire sur le site de votre librairie en ligne
et partagez vos coups de cœur sur les réseaux sociaux !

POUR ALLER PLUS LOIN

ÉDITION DE RÉFÉRENCE

- Rostand E., *Cyrano de Bergerac*, Paris, Librio, coll. « Théâtre », 1996, 186 p.

ÉTUDES DE RÉFÉRENCE

- Bourgeois J., « Une trilogie d'Edmond Rostand : *La Princesse lointaine, La Samaritaine, Cyrano de Bergerac* », in *L'information littéraire*, 2008, vol. 60, p. 27-38, consulté le 21 septembre 2016, www.cairn.info/revue-l-information-litteraire-2008-2-page-27.htm
- « Henriette Rosine Bernard, dite Sarah Bernhardt », in *Larousse en ligne*, consulté le 21 septembre 2016, http://www.larousse.fr/encyclopedie/personnage/Henriette_Rosine_Bernard_dite_Sarah_Bernhardt/108572
- « Roxane et les autres », in *Cyrano(s) de Bergerac.fr*, consulté le 19 septembre 2016, http://www.cyranodebergerac.fr/roxane_autres.php
- « Savinien de Cyrano de Bergerac », in *Espace français.com*, consulté le 19 septembre 2016, http://www.cyranodebergerac.fr/roxane_autres.php
- « Savinien de Cyrano de Bergerac », in *Pays de Bergerac*, consulté le 19 septembre 2016, http://www.pays-de-bergerac.com/pages/culture-patrimoine/personnages-celebres/cyrano/index.asp

ADAPTATIONS

- *Cyrano de Bergerac*, opéra en quatre actes de Franco Alfano, 1936.
- *Cyrano de Bergerac*, film de Jean-Paul Rappeneau, avec Gérard Depardieu, Anne Brochet et Vincent Perez, 1990.

SUR LEPETITLITTÉRAIRE.FR

- Questionnaire de lecture sur *Cyrano de Bergerac*.

L'éditeur veille à la fiabilité des informations publiées, lesquelles ne pourraient toutefois engager sa responsabilité.

www.lepetitlitteraire.fr/

ISBN version numérique : 978-2-8062-8657-4
ISBN version papier : 978-2-8062-8658-1
Dépôt légal : D/2016/12603/592

Avec la collaboration de Lucile Lhoste pour l'analyse du personnage de Le Bret et des « autres personnages », pour les compléments d'information sur la « trilogie » de Rostand et « La tirade du nez », ainsi que pour les chapitres « Inspiration biographique » et « Un personnage ayant éclipsé son modèle ».

Conception numérique : Primento,
le partenaire numérique des éditeurs.

FÉDÉRATION
WALLONIE-BRUXELLES

Ce titre a été réalisé avec le soutien de la Fédération Wallonie-Bruxelles, Service général des Lettres et du Livre.

Dumas
- Les Trois Mousquetaires

Énard
- Parlez-leur de batailles, de rois et d'éléphants

Ferrari
- Le Sermon sur la chute de Rome

Flaubert
- Madame Bovary

Frank
- Journal d'Anne Frank

Fred Vargas
- Pars vite et reviens tard

Gary
- La Vie devant soi

Gaudé
- La Mort du roi Tsongor
- Le Soleil des Scorta

Gautier
- La Morte amoureuse
- Le Capitaine Fracasse

Gavalda
- 35 kilos d'espoir

Gide
- Les Faux-Monnayeurs

Giono
- Le Grand Troupeau
- Le Hussard sur le toit

Giraudoux
- La guerre de Troie n'aura pas lieu

Golding
- Sa Majesté des Mouches

Grimbert
- Un secret

Hemingway
- Le Vieil Homme et la Mer

Hessel
- Indignez-vous !

Homère
- L'Odyssée

Hugo
- Le Dernier Jour d'un condamné
- Les Misérables
- Notre-Dame de Paris

Huxley
- Le Meilleur des mondes

Ionesco
- Rhinocéros
- La Cantatrice chauve

Jary
- Ubu roi

Jenni
- L'Art français de la guerre

Joffo
- Un sac de billes

Kafka
- La Métamorphose

Kerouac
- Sur la route

Kessel
- Le Lion

Larsson
- Millenium I. Les hommes qui n'aimaient pas les femmes

Le Clézio
- Mondo

Levi
- Si c'est un homme

Levy
- Et si c'était vrai...

Maalouf
- Léon l'Africain

MALRAUX
- La Condition humaine

MARIVAUX
- La Double Inconstance
- Le Jeu de l'amour et du hasard

MARTINEZ
- Du domaine des murmures

MAUPASSANT
- Boule de suif
- Le Horla
- Une vie

MAURIAC
- Le Nœud de vipères

MAURIAC
- Le Sagouin

MÉRIMÉE
- Tamango
- Colomba

MERLE
- La mort est mon métier

MOLIÈRE
- Le Misanthrope
- L'Avare
- Le Bourgeois gentilhomme

MONTAIGNE
- Essais

MORPURGO
- Le Roi Arthur

MUSSET
- Lorenzaccio

MUSSO
- Que serais-je sans toi ?

NOTHOMB
- Stupeur et Tremblements

ORWELL
- La Ferme des animaux
- 1984

PAGNOL
- La Gloire de mon père

PANCOL
- Les Yeux jaunes des crocodiles

PASCAL
- Pensées

PENNAC
- Au bonheur des ogres

POE
- La Chute de la maison Usher

PROUST
- Du côté de chez Swann

QUENEAU
- Zazie dans le métro

QUIGNARD
- Tous les matins du monde

RABELAIS
- Gargantua

RACINE
- Andromaque
- Britannicus
- Phèdre

ROUSSEAU
- Confessions

ROSTAND
- Cyrano de Bergerac

ROWLING
- Harry Potter à l'école des sorciers

SAINT-EXUPÉRY
- Le Petit Prince
- Vol de nuit

SARTRE
- Huis clos
- La Nausée
- Les Mouches

SCHLINK
- Le Liseur

SCHMITT
- La Part de l'autre
- Oscar et la Dame rose

SEPULVEDA
- Le Vieux qui lisait des romans d'amour

SHAKESPEARE
- Roméo et Juliette

SIMENON
- Le Chien jaune

STEEMAN
- L'Assassin habite au 21

STEINBECK
- Des souris et des hommes

STENDHAL
- Le Rouge et le Noir

STEVENSON
- L'Île au trésor

SÜSKIND
- Le Parfum

TOLSTOÏ
- Anna Karénine

TOURNIER
- Vendredi ou la Vie sauvage

TOUSSAINT
- Fuir

UHLMAN
- L'Ami retrouvé

VERNE
- Le Tour du monde en 80 jours
- Vingt mille lieues sous les mers
- Voyage au centre de la terre

VIAN
- L'Écume des jours

VOLTAIRE
- Candide

WELLS
- La Guerre des mondes

YOURCENAR
- Mémoires d'Hadrien

ZOLA
- Au bonheur des dames
- L'Assommoir
- Germinal

ZWEIG
- Le Joueur d'échecs